Runa Skald

Die Mythen
der Selbstverteidigung

Deutsch Originalausgabe

Papier aus verantwortungsvollen Quellen
Paper from responsible sources
FSC® C105338

Bibliografische Information der Deutschen Nationalbibliothek: Die Deutsche Nationalbibliothek verzeichnet diese Publikation in der Deutschen Nationalbibliografie; detaillierte bibliografische Daten sind im Internet über dnb.dnb.de abrufbar.

Verlag: BoD · Books on Demand GmbH, In de Tarpen 42, 22848 Norderstedt, bod@bod.de
Druck: Libri Plureos GmbH, Friedensallee 273, 22763 Hamburg

ISBN: 978-3-7693-1652-0

Inhalt

Auf ein Wort…

Als ich das erste Mal die Halle unseres Kampfsport-Studios betrat, fühlte ich mich noch recht selbstsicher. Ich hatte vorab im Internet ein bisschen über „Krav Maga" gelesen und fühlte mich bestens vorbereitet. In meiner Leichtsinnigkeit ging ich von neunzig Minuten leichtem Sport aus, bei dem mir viele nützliche Techniken beigebracht werden würden, welche ich schon ab dem nächsten Tag sicher anwenden können würde.

Außerdem bin ich mit den gängigen Helden-Filmen aufgewachsen! Da sieht man schließlich, wie man einen Bösewicht in die Flucht schlägt, oder?

Falsch.

Schon nach den ersten Minuten wurde mir bewusst, wie sehr die Realität von der Fiktion abweicht. Und als ich nach den neunzig Minuten Training schweißüberströmt und mit etlichen blauen Flecken die Umkleide betrat, war auch der Rest Selbstbewusstsein verschwunden. Denn mir ist das passiert, was vielen Menschen passiert, wenn sie sich zum ersten Mal über Selbstverteidigung informieren: Ich bin auf die Mythen hereingefallen!

Und diese hätten mir im Ernstfall zum Verhängnis werden können.

Im Folgenden werden wir auf ein paar der gängigsten Mythen eingehen.

Schöne Welt...

Die Welt ist schlecht. Und leider wird sie immer gefährlicher. Konflikte werden nicht mehr vernünftig geklärt, Meinungsverschiedenheiten nicht mehr ausdiskutiert. Heute wird viel zu viel mit der Faust gregelt. Fast täglich hört und ließt man Berichte über Schlägereien, Messerstechereien und Vergewaltigungen. Übergriffe, die meist aus dem Nichts passieren und aus niederen Beweggründen.

Dann ist es kein Wunder, dass sich viele Menschen nach Schutz sehnen. Schutz durch die Politik, durch die Polizei und aber auch durch sich selbst. Die Nachfrage nach Selbstverteidugungskursen ist so hoch, wie noch nie. Überall schießen plötzlich sogenannte „Self-defence-Schulen" aus dem Boden und werben mit den besten Lehrern und den besten Techniken.

Leider gibt es hier einige „schwarze Schafe", die nur auf den Geldbeutel und nicht auf das Überleben ihrer Schützlinge aus sind. Auch um die Selbstverteidigung an sich ranken sich einige Mythen, die im Ernstfall tödlich enden können!

Aus diesem Grund wurde dieses Buch geschrieben. Hier räumen wir ein für alle Mal mit den gängigsten Mythen der Selbstverteidigung auf.

Disclaimer

Die Inhalte in diesem Buch beruhen zum großen Teil auf eigenen Erfahrungen und Berichten von mir bekannten Kampfsportlern.

Dieses Buch dient einer Erstinformation und ersetzt in keinem Fall einen richtigen Selbstverteidigungskurs.

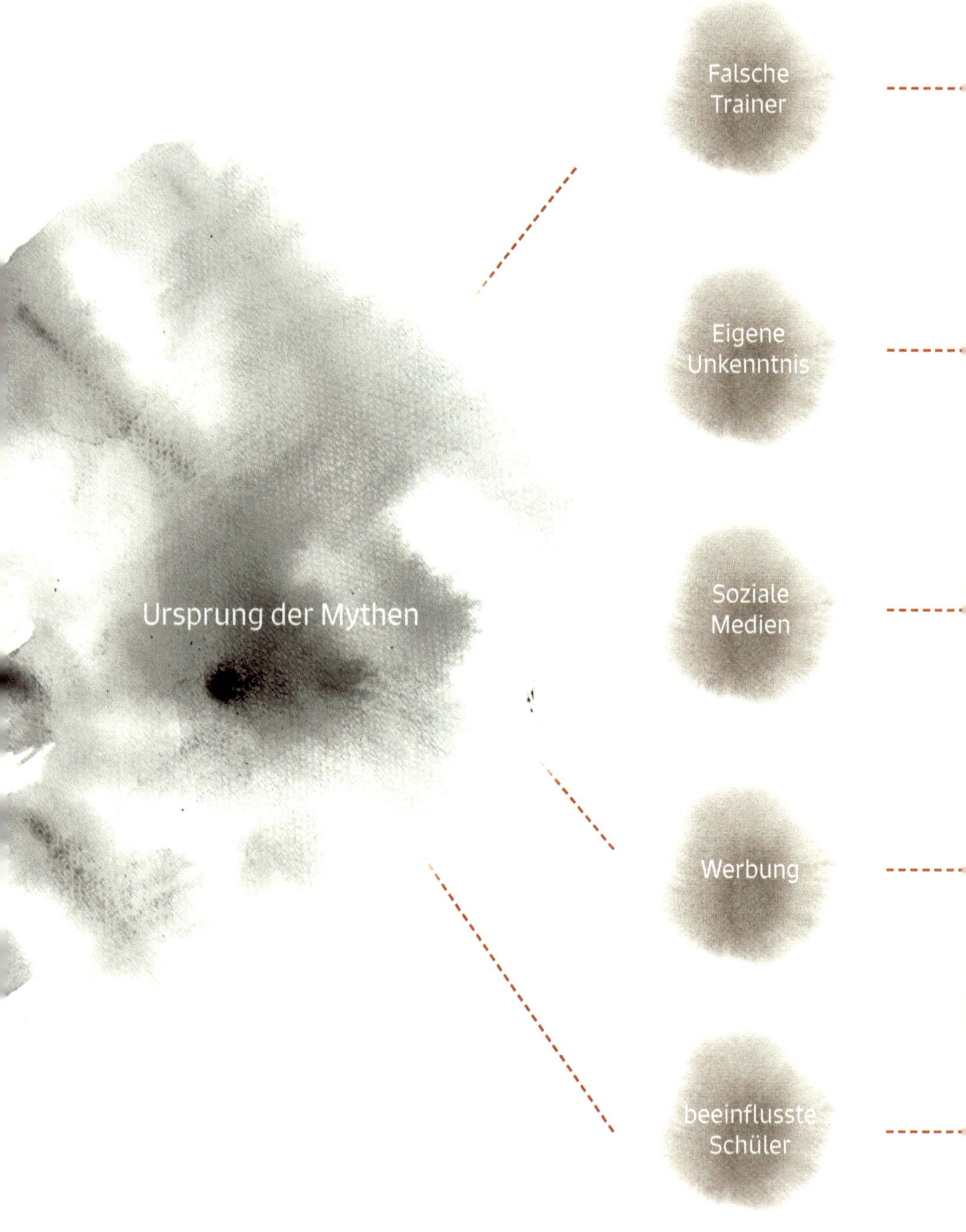
Ursprung der Mythen
Falsche Trainer
Eigene Unkenntnis
Soziale Medien
Werbung
beeinflusste Schüler

Im Internet findet man eine Unmenge an Angeboten zu Selbstverteidigungskursen. Doch leider sind einige Trainer gar nicht am Wohlergehen ihrer Schüler interessiert, sondern nur an ihrem Geld. Oder aber es sind Kampfsporttrainer, die den Unterschied zwischen Kampfsport und Ernstfall unterschätzen.
Dubiose Techniken, die im Ernstfall gar nicht helfen, sind die Folge.

Faulheit, mangelndes Selbstvertrauen, schlechte Erfahrungen, Kampfszenen in Filmen, Sozial Media...

Dies alles beeinflusst uns in unseren Entscheidungen und schürt meist übertriebene Vorstellungen. Von diesen müssen wir uns erst lösen, sonst wird es wirklich gefährlich. Immerhin geht es um unser Leben!

YouTube, Instagram, Facebook (etc.) sind voll von Videos, in denen sogenannte Profis ihre Techniken vorstellen. Die meisten unterlegt mit epischer Musik oder begleitet von Kampfgeschrei. Für den Leihen ist das beeindruckend, geradezu mitreißend. Dass viele von dieses Techniken für das Video gestellt sind und gar nicht funktionieren ist meist zweitrangig, führt aber zu Missverständnissen.

Die Nachfrage nach Kursen ist groß, das Angebot ebenfalls. Wer herausstechen will, braucht gute Werbung, doch meist ist nur ein kleiner Teil daran wirklich wahr oder hilfreich.

Oft wird mit strahlenden Absolventen und deren gute Erfahrungen innerhalb der Kurse, der Flut an Techniken und der Kürze der Zeit geworben. Achtung bei solchen Aussagen!

Nicht nur ein falscher Trainer ist gefährlich, sondern noch mehr der überzeugte Schüler. Erfahrungsberichte sind eine der stärksten Werbemittel und funktionieren bei uns allen am besten. Mundpropaganda ist das Stichwort. Meist sind Schüler so überzeugt, weil sie mit trügerischen Komplimenten und Erfolgen überhäuft wurden und nicht, weil sie ernste Situationen bestanden haben!

1 Rechtliches

0

Das Gesetz, die Regeln des Lebens

Jeder von uns hat sich daran zu halten und in jeder Situation nach ihnen zu handeln. Wir sind seit den Kinderbeinen darauf trainiert, diese Regeln im Alltag zu befolgen und die meisten von uns sind sehr gut darin.

Doch was ist mit nicht alltäglichen Situationen? Wüsstest du, wie du dich Regelkonform verhälst?

Musst du das überhaupt?

Als „Normalo“ macht man sich erstmal keine Sorgen um das Gesetz. Tatsächlich beginnen die Zweifel mit den ersten Trainingsstunden, wenn der Trainer einen ganz unvermittelt fragt:

„Was dürft ihr eigentlich im Ernstfall, und was nicht?“

Die erste Reaktion ist meist eine Schockstarre, ähnlich einem Reh im Scheinwerferlicht, dann beginnt der Kopf zu arbeiten. Unter dem Blick des Trainers wird man schon mal unsicher.

Das Hirn wirft einem meist dies vor die Füße:

Ich muss meinen Gegner 3 Mal warnen, dass ich Kampfsport betreibe.

Als Kampfsportler darf ich nur eingeschränkt handeln.

1

Vorwarnen

Es gibt kein Gesetz, dass dieses Vorgehen bei einem Angriff vorschreibt und das ist auch gut so.

Zum einen werden die meisten Überfälle aus dem Hinterhalt und eher spontan ausgeführt. Das bedeutet, dass man überhaupt keine Zeit für eine Warnung hat. Man darf keine Zeit verschwenden und muss sofort handeln! Alles andere ist unter umständen lebensgefährlich.

Zum anderen verändert man die Situation zu seinem eigenen Nachteil. Ein Angreifer sucht sich immer offensichtliche Opfer (kleinere, dünnere, schwächere Personen). Weiß er nun, dass sein Opfer sich wehren kann, fühlt er sich provoziert und wird nur umso aggressiver angreifen, eventuell sogar eine Waffe benutzen, was er sonst gar nicht geplant hätte.

2

Handlungsspielraum

Dass jemand mit Kampfsporterfahrung sich ganz anders zur Wehr setzen kann, als jemand, der noch nie ein Sportstudio betreten hat, ist wohl jedem klar. Doch das bedeutet nicht, dass die Gefahr nicht für beide gleich hoch ist.

Das Stichwort hier ist „Notwehr". Die Notwehr beginnt, sobald die körperliche Unversehrtheit gefährdet ist und endet, wenn die Gefahr vorbei ist, also wenn der Angreifer außer gefecht gesetzt ist. Je schneller dies der Fall ist, desto besser für das „Opfer".

Das Häkchen an der Sache ist die sogenannte „Verhältnismäßigkeit". Sie entscheidet vor Gericht darüber, ob alle Maßnahmen gegen den Täter unter Notwehr fallen oder gerechtfertigt waren.

Im Allgemeinen gilt: Alles, was einem das Leben rettet, ist erst einmal erlaubt. Alles darüber hinaus (auf einen Bewusstlosen eintreten zum Beispiel) wäre unverhältnismäßig.

Bei der Verwendung von Waffen schaut der Gesetzgeber schonmal genauer hin. Wehrt man sich mit Waffengewalt gegen einen unbewaffneten Angreifer, könnte man sich ebenfalls strafbar machen. Doch dies wird von Fall zu Fall entschieden.

Bei einem Angriff sind zwei Dinge essentiell:

1 Reaktionsgeschwindigkeit

2 Überraschungseffekt

Ein Übergriff geht schnell, also muss man schneller sein. Dies bedeutet, im Ernstfall die Moral auszuschalten und alles anzuwenden, was man gelernt hat.

Kein Angreifer rechnet ernsthaft mit Gegenwehr. Stößt er doch auf Widerstand, gerade in Form von gezielten Schlägen oder Tritten, kann der Schock darüber den Angreifer aus dem Konzept bringen.

In vielen Fällen Reicht dies schon aus, um „Gelegenheitstäter" in die Flucht zu schlagen.

Besser ist: schnell und gezielt reagieren, laut auf sich aufmerksam machen und so schnell wie möglich aus der Situation entfernen!

2 Anatomie

1

Hebel und Griffe

Ich kann einen Angreifer mit einem Griff außer Gefecht setzen!

Hebel und Griffe sind bei vielen Kampfsportarten sehr beliebt. Sie sind effektiv, weil sie den Gegner schnell in eine defensive Rolle bringen. Was hier häufig nicht bedacht wird, ist der Rahmen, in dem diese Techniken angewendet werden. Meist finden sie nämlich bei Turnieren Anwendung.

Doch Turniere sind ein mehr oder weniger geschützter Raum mit Regeln und kalkulierbaren Bedingungen. Ein Übergriff auf der Straße ist das genaue Gegenteil davon. Es gibt keine Regeln, keinen Schiedsrichter und keinen zeitlichen Rahmen. Meist ist man nichtmal auf einen Übergriff vorbereitet und der Stress ist deshalb um ein vielfaches höher.

Unter diesen Bedingungen einen ordentlichen und funktionsfähigen Griff oder Hebel anzuwenden ist quasi unmöglich. Ausnahmen mögen hier Meister ihres Fachs darstellen. Doch auf wie viel Prozent unserer Bevölkerung trifft dies zu?

Bevor man sich also an spektakulär aussehende Hebel wagt, sollte man lieber zum klassischen Kratzen und Beißen greifen.

2

Kopf gegen Knie

Mit einem Kniestoß gegen den Kopf erziele ich einen K.O.!

Das Gehirn ist eines der wichtigsten Organe und ist dementsprechend gut geschützt. Eine Menge Knochen umgeben es und eine Flüssigkeit federt Erschütterungen ab. Außerdem sind vergleichsweise wenige Schmerzrezeptoren an den Stellen des Kopfes zu finden. Die Stirn ist dabei die härteste Stelle des Körpers.

Das Knie hingegen besteht aus mehreren feinen Knochen, die bei Druck leicht nachgeben, Sehnen und vielen Muskelfasern.

Führt man den Kopf zum Knie, wird die Stirn niemals die Kniescheibe treffen, wie sich viele immer vorstellen (Sie würde es auch gar nicht aushalten und brechen, da sie zu dünn ist). Die Stirn wird auf den weichen Muskelansatz direkt oberhalb treffen und verursacht dort eine extrem schmerzhafte Prellung.

Stattdessen mit dem Handballen der geöffneten Hand oder der Unterseite der geballten Faust empfindliche Stellen des Gegners treffen: Nase, Ohren oder direkt unter dem Brustbein.

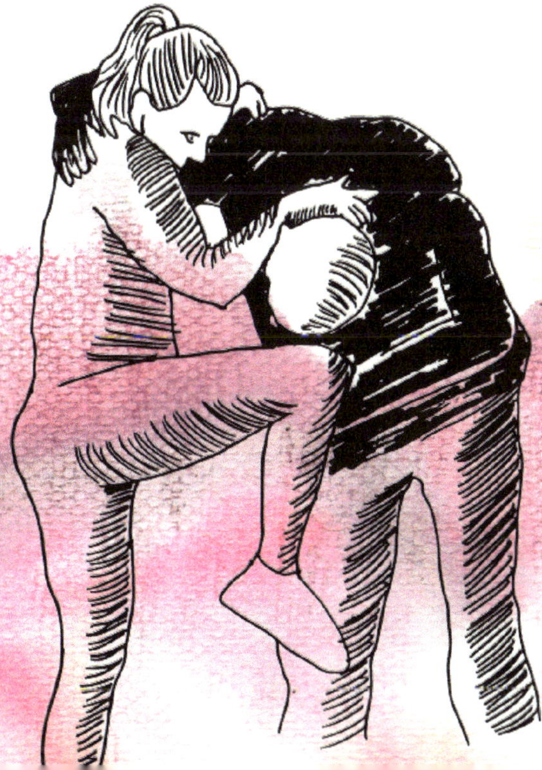

3

Das Nasenbein

Mit der flachen Hand lässt sich das Nasenbein ins Gehirn schlagen und tötet den Angreifer.

Die Idee hinter dieser Technik ist sehr gut. Mit der geöffneten Hand lässt sich viel Kraft aufbauen und erleichtert sogar das Zielen! Auch die Nase ist ein hervorragender Ort für einen gut platzierten Schlag. Doch aus einem anderen Grund, als dieser Mythos verspricht.

Wenn man sich die Anatomie der Nase mal genau betrachtet, besteht sie aus dem Knochen (=Nasenbein), ein kurzes dünnes Stück Knochen tief im Schädel, und einem langen Stück Knorpel, dem Teil, den man als Nase „sieht".

Das Nasenbein ist fest mit dem Schädel verwachsen und lässt sich nicht einfach in eine Richtung drücken.

Bevor man das Stück der Nase überhaupt erreicht, muss man erst einige Zentimeter Knorpel bewegen, doch da dieser weich ist, kann er nicht ins Gehirn gedrückt werden.

Ein Schlag auf die Nase ergibt aber trotzdem eine effektive Verteidigung, da da die Nase äußert viele Schmerzrezeptoren und viele dünne Blutgefäße besitzt. Im Zweifelsfall kann man die Nase sogar brechen.

Das Resultat sind in jedem Fall extreme Schmerzen sowie verschleierte Sicht durch Tränenflüssigkeit und kurze Orientierungslosigkeit.

Doch bitte, sollte euch ein solcher Schlag gelingen, entfernt euch so schnell wie möglich aus dieser Situation! Die beste Verteidigung ist und bleibt das Weglaufen. Spielt nicht den Helden.

4

Fauststöße zum Kopf

Beim Boxen funktioniert das doch auch!

Boxer bekommen vor dem Kampf eine feste Bandage um die Hände und Handgelenke. Darüber kommt der dick gepolsterte Handschuh. Dies dient dazu, dass sich der Boxer nicht die Hände bricht, was auch bei Profikämpfen trotz Schutz mal passiert.

Wie unter 2. schon erwähnt, ist der Kopf sehr hart. Die dünnen Knochen der Hand geben schneller nach.

Man sollte deshalb niemals auf die Stirn zielen. Die Augen-Nase-Patie ist da wieder die bessere Wahl, sofern man die richtige Schlagtechnik beachtet.

Auch das Kinn ist ein perfekter Ort für einen Treffer. Die darin verlaufenden Nerven funktionieren wie ein Not-Aus-Schalter. Dafür muss man allerdings gut zielen können. Und Stress und Adrenalin verbessern die Zielgenauigkeit nicht wirklich. Vor allem nicht mit der Faust. Auch hier sollten gerade untrainierte Menschen auf die offene Hand setzen.

3
Waffen

1

Pfeffergas

Mit Pfeffergas bin ich sicher.

Das ist wohl der beliebteste Selbstschutz und wohl auch das beliebteste Geschenk von Vätern an ihre Töchter.

Es bei sich zu tragen ist sicher nicht schlecht, allerdings ist es damit nicht getan! Man muss es auch benutzen können - und zwar unter Druck! Das bedeutet, innerhalb von Sekunden das Gas aus der Tasche zu holen, es richtig zu halten und den Auslöser zu drücken.

Das mag einfach klingen, doch unter Stress werden die einfachsten Handgriffe zu einer Herausforderung.

In welcher Tasche war das Gas nochmal? Gerade in großen Handtasche geht die kleine Kartusche schnell unter.

Dies gilt übrigens für alle Waffen und Gegenstände, die in einer Tasche mitgeführt werden! Im Ernstfall verliert man wertvolle Sekunden mit Suchen.

Die Gefahr ist groß, dass man sich mit Pfefferspray selbst außer Gefecht setzt. Sei es, weil es in der Hektik falsch herum gehalten wird oder weil das Gas in der Luft als feine Wolke zurück bleibt und somit auch umstehende etwas abbekommen könnten.

Außerdem ist der private Gebrauch von Pfefferspray nicht überall erlaubt.

PRESS
DEFENSE
PEPPER
FOAM

2

Schusswaffe

Wie John Wayne in seinen Filmen!

Leider oder zum Glück bildet Hollywood nicht die Realität ab. Wer mit einer Schusswaffe hantiert sollte eine möglichst fachgerechte Ausbildung erhalten.

Denn zum Abfeuern einer Schusswaffe gehört nicht nur, den Auslöser zu betätigen. Die richtige Handhabung einer Schusswaffe ist essentiell für Leib und Leben. Wir alle kennen die Fail-Videos von Hobby-Schützen, die sich fast selbst erschießen.

Man benötigt viel Übung an der Waffe, um bei einem Angriff die Waffe rechtzeitig zu ziehen, zu zielen und dann auch noch zu treffen. Zielsicherheit und Schnelligkeit bedingen sich leider gegenseitig. Wer schnell schießt, zielt häufig schlecht. Und wenn ein Angreifer auf einen zu rennt, hat man nur wenige Sekunden Zeit.

Als Beispiel: 10 Meter Abstand können in unter drei Sekunden zurückgelegt werden. Das ist selbst für einen Erfahrenen Schützen eine Herausforderung.

Zum Anderen sind Schusswaffen in Deutschland streng reglementiert. Wer eine Waffe benutzt, ohne eine besitzen zu dürfen macht sich leider auch bei Notwehr strafbar.

3

Messer

Ein Messer mit sich zu führen verleiht ein trügerisches Gefühl von Sicherheit.

Zum einen ist wieder die Zeit ein großer Faktor. Zum anderen sind viele Messer in Deutschland verboten und dementsprechend ist ihr Einsatz strafbar (Auch bei Notwehr!).

Der Einsatz eines Messers ist vor allem auch abhängig von der Psyche des Menschen. Es kostet eine gewisse Portion an Überwindung, jemanden zu verletzen, vor allem, wenn man sein Gegenüber möglicherweise töten könnte.

Außerdem könnte es dem Angreifer gelingen, seinem Opfer das Messer zu entwenden und gegen diesen verwenden.

Deshalb ist es immer ratsam, sich mit gezielten Schlägen aus einer Situation zu befreien und dann wegzulaufen! Gutes Schuhwerk ist wichtiger als Waffen.

4

Schlagwaffe

Ein Baseballschläger, eine Eisenstange, ein stabiler Stock, das alles scheinen gute Waffen zu sein.

Das Gute an diesen Gegenständen ist die Vergrößerung des Abstandes zwischen Täter und Opfer, allerdings macht es auch langsamer. Man muss schon ziemlich genau wissen, was man tut und auf keinen Fall zögern.

Auch hier ist Stress ein weitreichender Faktor. Den einen kann er so stark lähmen, dass sich der Gegenstand in der Hand tonnenschwer anfühlt. Ein anderer wird von dem Adrenalin enthemmt und befeuert.

Deshalb ist es vor allem wichtig, sich selbst gut zu kennen! Dazu kann es ratsam sein, sich im geschützten Rahmen in Stresssituationen zu bringen, um das eigene Verhalten zu analysieren und zu verbessern.

Wie alles andere kann man auch das Verhalten in Stresssituationen üben!

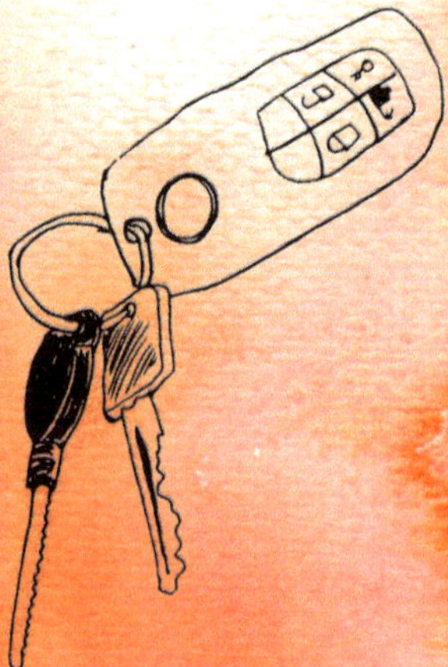

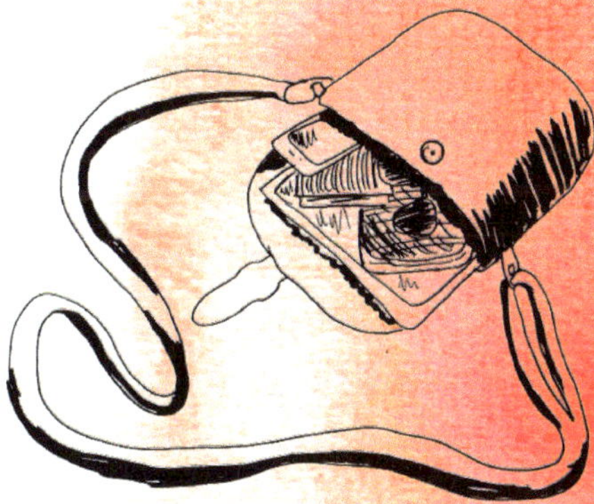

5

Schlüssel

Ein Schlüsselbund ist eckig und scharfkantik, perfekt, um jemanden zu verletzen (vor allem aber sich selbst!). Die vielen kleinen Ecken schneiden in die Handfläche und aus Angst, sich selbst zu verletzen mindert man die Schlagkraft. Dies hat zur Folge, dass man den Angreifer nicht abwehrt, sondern vielleicht höchstens kratzt, woraufhin dieser nur noch aggressiver wird.

Auch hier gilt wieder die natürliche Hemmung des Menschen, andere zu verletzen. Gerade jemandem in die Augen zu stechen kostet enorm viel Überwindung.

Die eigenen Fingernägel sind da viel effizienter! Wir müssen sie nicht extra festhalten und sie können besser gesteuert werden als ein Schlüsselbund.

Mit der DNA unter euren Nägeln kann der Täter im Nachgang besser gefunden werden.

6

Kubotan

Mit einem Kubotan bin ich jedem überlegen!

Ein Kubutan oder auch Palmstick genannt ist an sich schon hilfreicher als viele andere Waffen, solange man damit umzugehen weiß!

Wie beim Schlüssel und Pfefferspray gilt: Diese Waffen sind nicht an sich schon ein Ausreichender Schutz. Sie können eingesetzt werden, um den Gegner zu schwächen, aber es sind weitere Techniken nötig, um sich gänzlich aus der Situation zu befreien!

Ein Kubutan dienst als Kraftverstärker und wird in der Faust eingeschlossen. Er schaut unten ein Stück heraus. Mit vergleichsweise geringem Kraftaufwand kann man die Spitze zur Abweht verwenden. Jeder Mensch mit normalem Schmerzempfinden würde die Auswirkungen deutlich spüren.

Der Vorteil ist, dass man ihn leicht bedienen kann, wenn man schon gewisse Schlagtechniken verinnerlicht hat.

Die beste Verteidigung liefert unser Muskelgedächtnis. Und dies muss trainiert werden.

Ungeübte könnten nicht den gewünschten Effekt erreichen. Und die Verwendung ist rechtlich umstritten.

Allgemein gilt:

Um mich richtig damit einer Waffe zur Wehr setzen zu können, darf ich keine Angst haben, sie zu benutzen und ich darf nicht zögern, sie einzusetzen. Dies setzt vorraus, dass ich den Umgang mit ihr gelernt habe.

Zum anderen ist eine Waffe kein alleiniger Schutz gegen einen Angriff, sondern nur eine ergänzende Maßnahme. In jedem Fall muss ich mich zusätzlich durch Schläge oder Tritte absichern können.

Die persönliche physische und mentale Fittness ist essentiell für eine gelungene Verteidigung!

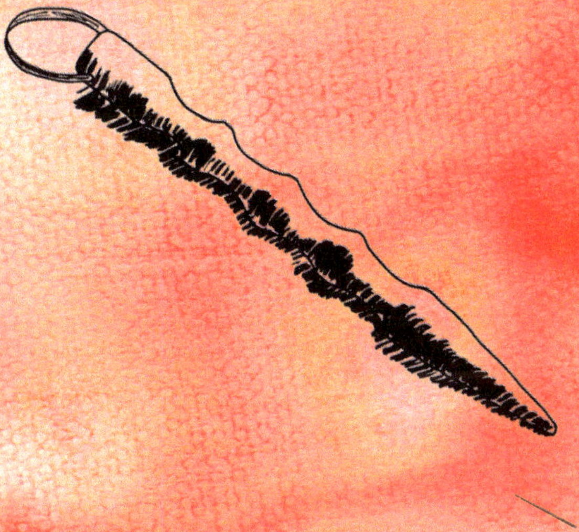

Häufige Fragen

zum Thema Krav Maga

Krav Maga

Begründet wurde Krav Maga (hebräisch: Kontaktkampf) von Imrich „Imi“ Lichtenfeld in den 1930er Jahren. Er lebte in Bratislava und schloss sich mit anderen zusammen, um jüdische Viertel vor antisemitischen Angriffen zu schützen. Als 1948 der Staat Israel gegründet wurde, wurde Lichtenfeld beim israelischen Militär Chefausbilder für Krav Maga und Leibesertüchtigung. Bis heute ist der Nahkampf Bestandteil der Ausbildung für Militär und Polizei in Israel. Weil Frauen und Männer eingezogen werden, richtet sich die Ausbildung an beide Geschlechter.

Häufige Fragen

Warum gilt Krav Maga als ein gelungenes System zur Selbstverteidigung?

Krav Maga lehrt Selbstverteidigung unter realen Bedingungen. Anders als zum Beispiel Kung-Fu, was zum größten Teil ein ästhetischer Kampf gegen einen fiktiven Gegner ist. Man sagt zwar, dass man sich damit auch selbst verteidigen kann. Doch in den traditionellen Kämpfen ist alles sehr ritualisiert, es geht meistens eins gegen eins, einem Ehrenkodex folgend. Den gibt es aber in der Realität nicht. Ehre hilft nicht gegen eine Messerklinge. Krav Maga ist der Gegensatz dazu. Es ist funktional, schnell und direkt.

Ist die Bereitschaft, zu Kämpfen, sehr hoch?

Viele denken, einen körperlichen Angriff nur mit Reden verhindern zu können. Gerade die deutschen sind eher ein Volk der Theoretiker. Zum einen gibt es einen gewachsenen Pazifismus. Wir wollen alles mit Reden lösen. Wir glauben, die ganze Welt wäre so kultiviert und zivilisiert wie wir. Doch dabei gilt das nicht mal für Deutsche. Man muss sich nur die Polizeistatistik ansehen. Gewalt kann immer ausbrechen. Und es gibt die deutsche Angst, zu weit zu gehen. Es kursieren Notwehrgeschichten, bei denen manche bei der Gefahrenabwehr übertrieben haben.

Man fürchtet sich vor Strafe, wenn man sich wehrt. Meistens haben diejenigen die Grenzen der Notwehr deswegen überschritten, weil sie nicht vorbereitet waren.

Ist eine Deeskalation zielführender, als ein Kampf?

Manche Menschen erfahren Selbstzufriedenheit, wenn sie andere quälen oder verletzen. Wenn jemand wirklich verletzen will, dann wird er es versuchen, egal wie viel ich diskutiere. Ein Kampf in der Realität dauert durchschnittlich etwa fünfzehn Sekunden bis klar ist, wer verloren hat. Bin ich darauf nicht vorbereitet, werde ich das Opfer sein.

Gibt es eine verstärkte Nachfrage an Krav Maga Kursen?

Es gibt immer wieder sprunghafte Anstiege bei Anmeldungen zu Selbstverteidigungskursen, wenn etwas Schlimmes passiert ist. Sei es ein Amoklauf oder ein Übergriff. Davon sind Krav Maga Kurse natürlich nicht ausgenommen. In ruhigen Zeiten gehen die Anmeldungen und die Anzahl an Mitgliedern in solchen Kursen meist wieder zurück.

Kann man als Krav Maga Lernender einen Amokläufer überwältigen?

Ein Amoklauf ist eine schwierige Situation. Flucht ist hier immer die erste und beste Möglichkeit. Geht das nicht, kann man versuchen, sich zu verstecken. Nur das letzte Mittel ist der Kampf. Und dafür gibt es im Krav Maga selbstverständlich auch Techniken gegen Schusswaffen.

Wann ist das Verletzen eines Gegners erlaubt?

Nur im Rahmen der Notwehr. Das ist immer Handlungsmaßstab. Die Intention beim Krav Maga ist es, lebend aus einer Situation herauszukommen. Krav-Maga-Kämpfer wollen keinen Kampf, sind aber auf ihn vorbereitet. Das Training hilft, die Reaktion einzuüben, wenn keine Zeit mehr zum Nachdenken bleibt.

Ist Krav Maga eigentlich Sport?

Sport richtet sich nach Regeln. Krav Maga nicht. Es ist also im klassischen Sinne kein Sport. Aber: Fast immer ist der Angreifer körperlich oder zahlenmäßig überlegen oder hat den Überraschungsmoment auf seiner Seite. Um diese Unwucht auszugleichen, muss der Körper mit Stress und korperlicher Belastung umgehen können. Dafür gibt es beim Krav Maga zumeist auch Kraft- und Ausdauertraining.

Lernen dann nicht auch die Flaschen Leute Krav Maga?

Menschen, die einen Krav Maga Kurs besuchen kommen aus allen Gesellschaftsschichten und aus allen Jobbereichen. Natürlich kann man nicht ausschließen, dass auch diejenigen einen Kurs besuchen, die Lust auf körperliche Auseinandersezung haben. Doch zumeist haben Trainer einen guten Blick und sortieren solche menschen aus. Im Zweifel gibt es sogar ein Hausverbot. Ganz verhindern kann man es aber nie.

Wie übt man für Angriffe auf der Straße?

Das beste Mittel ist das Training vor Ort: einem dunklen Treppenhaus, einer Tiefgarage oder Ähnlichem. Auch Desorientierung durch häufiges und schnelles Drehen ist ein beliebtes Mittel. Dies alles sorgt für Stress. Der Körper gewöhnt sich daran, unter Stress zu funktionieren. Und das wiederum hilft in realen Situationen extrem. Es gibt tausende Alltagssituationen, in die man geraten kann: Angriffe mit dem Messer, einer Pistole, Schläge, Tritte, Umklammerungen, Würgen. All diese Szenarien sind denkbar.

Wie verhalte ich mich gegen mehrere? Wie helfe ich anderen? Man kann nicht alles nachstellen, also muss man bestimmte Prinzipien immer wieder anwenden. Nehmen wir die Faustschläge: Runde Schläge kann ich aufhalten, gerade Schläge muss ich parieren. Ich halte zum Beispiel meinen Unterarm einem runden Schlag im 90-Grad-Winkel entgegen. Wer das bei einem Schlag verstanden hat, versteht es auch, mit den Beinen einen Tritt abzuwehren – daraus entstehen mehrere Techniken, mit denen ich alle Schläge oder Tritte verteidigen kann. Greife ich auf diesen Werkzeugkasten immer wieder zurück, kann ich auch neue Situationen lösen.

Ausweichen oder Zuschlagen?

Nehmen wir als Beispiel das Oktoberfest: Im Bierzelt ist es eng. Bierkrüge funktionieren wie eine Langdistanzwaffe: man hat damit mehr Reichweite. Wenn man dann keinen Platz zum Auswichen hat, sollte man die Distanz verringern, dann wird die Waffe wirkungslos.

Normalerweise wird geschult, die natürlichen Reflexe zu aktivieren und zu verstärken. Gefahren erkennen, vermeiden oder meistern, darum geht es. Hört man Krav Maga, denken viele nur an eine Selbstverteidigung. Es ist aber ein ganzheitliches Konzept.

Es beginnt damit, im Alltag aufmerksam zu sein: Einen anderen Weg nehmen, wenn Mitmenschen komisch sind. Ist das nicht möglich, sollte man deeskalieren! Dazu gehört, verbale Grenzen zu setzen! Selbstverteidigung umfasst auch die Selbstbehauptung. Muss gehandelt werden, stehen auch danach noch Entscheidungen an: Gibt es einen zweiten Angreifer? Schauen Sie sich um! Lohnt sich eine Flucht? Wohin?

Es gibt trotzdem diese Situationen, in denen man zur falschen Zeit am falschen Ort ist. Genauso gibt es Typen, die nicht mit sich reden lassen.

Macht es einen Unterschied, ob der Gegner bewaffnet ist oder nicht?

Ob mich jemand schlägt oder mit einem Messer zustößt, macht kaum Unterschied. Es ist immer ein dynamischer Schlag, der die gleiche Abwehrtechnik erfordert. Wenn einem das Messer an den Hals gehalten und das Geld fordert wird, sollte man der Forderung folge leisten, weil es das Problem löst. Auch dazu trainiert man.

Ist Krav Maga kompliziert zu lernen?

Es ist einfacher zu lernen als die bekannten Kampfkünste wie Kung-Fu oder Karate, wo der Weg zum erfahrenen Kämpfer Jahre dauert. Viele denken aber, nach einem Wochenende Krav Maga ist das Thema Selbstverteidigung für den Rest ihres Lebens beendet. In Sekundenbruchteilen richtig zu reagieren erfordert aber tausendfache Wiederholung. Für Krav Maga ist man nach etwa sechs bis zwölf Monaten handlungsbereit.

Was kann ich jetzt schon lernen?

Lernen Sie, ihre Umwelt wahrzunehmen, statt ausschließlich auf das Handy zu schauen. Reagieren Sie früh. Deeskalieren Sie und handeln Sie im Falle einer körperlichen Auseinandersetzung auch taktisch klug. Kommen Sie ohne körperliche Gewalt aus einer gefährlichen Situation, haben Sie richtig reagiert.

4 Einstellung

1

Meister

Ein schwarzer Gürtel macht unbesiegbar.

Ein schwarzer Gurt ist beeindruckend und ein Zeugnis für hohe Disziplin. Es dauert Jahre, wenn nicht sogar Jahrzente, um einen solchen Gurt zu erreichen.

Allerdings bezeugt er nur, dass sein Träger seine Kampfsportart nach allen Regeln und Techniken beherrscht. Es ist und bleibt ein Sport und kann für einen echten Übergriff teilweise unbrauchbar sein.

Denn wie schon früher festgestellt: auf der Straße gibt es keine Regeln!

Darüber hinaus sollte man sich von expliziten Selbstverteidigungskursen fernhalten, die nur mit ihren Gurten oder Farben angeben. Die Fähigkeit, sein Leben zu schützen sollte nicht von Prüfungen abhängig sein. Das Ziel eines Trainers sollte zwar sein, dass Techniken so lange wiederholt werden, bis der Schüler sie im Schlaf kann. Allerdings sollte man ihm nie das Lernen weiterer Techniken verwehren, nur weil er einen bestimmten Gurt noch nicht erreicht hat.

2

Boden

Bodenkampf ist das wichtigste!

Mit der Entwicklung des Ultimate Fighting Championship (UFC) ist ein wahrer Bodenkampf-Hype ausgebrochen, da der damalige Champion Royce Gracie mit dieser Taktik quasi unbesiegbar wirkte.

Doch bedenken wir auch hier: selbst wenn die UFC im Prinzip ohne Regeln verläuft, so ist dies immer noch ein geregelter Rahmen - die Kämpfer kennen die Umgebung und ihre Gegener. Sie sind auf den Stress dieser Situation vorbereitet.

Auf der Straße ist das gänzlich anders. Niemand kann sagen, wo und von wie vielen Gegnern man angegriffen wird. So kann der Boden voller Glasscherben oder spitzer Steine liegen, mal davon abgesehen, dass der Asphalt an sich schon hart genug ist, dass man sich leicht etwas brechen kann.

Zudem hat man am Boden nur Kontrolle über einen Gegner. Ein Zweiter hat währenddessen freie Bahn.

Ziel sollte es immer sein, gar nicht erst auf dem Boden zu landen und wenn es sich nicht vermeiden lässt, dann möglichst schnell wieder auf die Beine zu kommen.

Dafür gilt auch hier: Beißen, Kratzen, reißen. Eben alles, was die Flucht ermöglicht.

Allerdings gilt vor allem für Frauen ein erhöhtes Risiko, bei einem Übergriff auf dem Boden zu landen. Deshalb empfiehlt sich vor allem für diese Zielgruppe ein explizites Falltraining und das Lernen von Techniken gegen sexuelle Handlungen. Es gibt diverse Techniken! Man muss sie aber lernen und anwenden können.

3

Wochenendkurs

Ich lerne ein paar Tricks und bin sicher.

Selbstverteidigung ist vor allem erstmal eins: Harte Arbeit und zwar nicht nur für den Körper, sondern auch für den Geist.

Während der Körper neue Bewegungen adaptieren, die Reaktionszeit verkürzen und dabei nicht verkrampfen soll, muss der Geist lernen die Ruhe zu bewahren.

Für den Eigenschutz ist eines unerlässlich: Routine. Das mag erstmal abschreckend klingen, dass man sich daran gewöhnen soll, jemandem wehzutun. Doch wer zögert, entweder weil er zu geschockt ist oder zweifel bekommt, der hat schon verloren.

Die Techniken so zu verinnerlichen, dass sie wie ein Instikt ohne nachzudenken abgerufen werden können, erfordert Jahre regelmäßiges Training.

PANIK ist unser größter Feind!

4

Frauen sind zu schwach

Man hört nur von Übergriffen auf Frauen. Männer sind also sicher.

Dass man so selten von Übergriffen auf Männer hört liegt nur zu einem geringen Teil daran, dass sie seltener Opfer eines Überfalls werden. Eher liegt es daran, dass Übergriffe auf Frauen in den Medien häufiger gepushed werden. Auch gehen Männer seltener zur Polizei.

Doch Frauen sind nach wie vor gefährdeter als Männer. Es gibt keine Frau, die nicht schonmal übergriffiges Verhalten erlebt hat.

Und leider scheinen Täter immer selbstbewusster zu werden. Deshalb ist es umso wichtiger, die Frauen zu stärken. Denn der Vorteil liegt hier im Überraschungsmoment. Täter rechnen nicht mit viel Gegenwehr und sind dann abgeschreckt oder eingeschüchtert, wenn sie doch zurückstecken müssen.

Außerdem bekommt kein Mann mehr einen hoch, wenn er durch einen Kampf physisch ausgepowert ist.

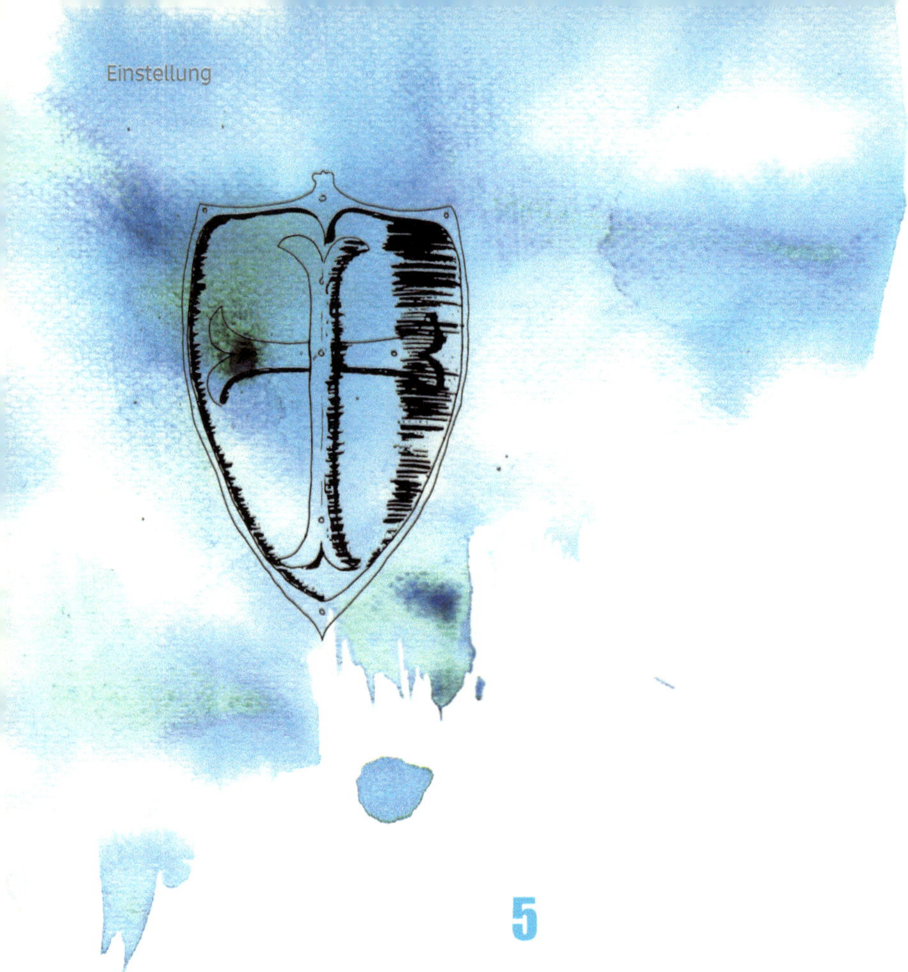

5

Allrounder

Ein Kurs bereitet mich auf alles vor.

Das ist auch ein beliebter Fehler. Meist fühlt man sich als Schüler ab der dritten oder vieren Einheit wie ein perfekt ausgebildeter Kämpfer. Wer das von sich denkt, kann das gerne mal mit meinem Trainer austesten. Man wird ziemlich auf dem Hintern landen.

Ein Kurs ist meist so aufgebaut, dass man sich gegen einen normalen Angreifer behaupten kann: Betrunkene, Notgeile und Gelegenheitstäter. Doch bis man sich auch gegen einen Profiboxer oder einen Ringer durchsetzen kann benötigt es viele Jahre an Training. Und selbst dann wird man seine Gegner nicht mit einem kleinen Finger besiegen. Jede Situation ist neu und anders. Man kann sich gar nicht auf alles vorbereiten. Das ist schlichtweg unmöglich. Man kann sich aber auf das Häufigste vorbereiten und das ist schon mal besser als gar nichts.

6

Lernen bei den Profis

Ja, Polizisten haben irgendwann in der Ausbildung mal ein bisschen Selbstverteidigung gelernt. Vielleicht haben sie auch regelmäßig einen Aufbaukurs. Das ist das Mindeste vom Mindesten, was jemand an Selbstschutz mitnehmen kann und Qualifiziert niemanden dazu, das zu unterrichten.

Leider ist dies heutzutage die traurige Regel: Crashkurse über ein bis drei Wochenenden sollen aus unerfahrenen Menschen die besten Trainer machen. Doch niemand versichert sich ernsthaft, dass diese neuen Trainer auch wirklich verstanden haben, was für einen realen Übergriff essentiell ist.

Tatsächlich ist es besser, bei jemandem zu lernen, der tiefgreifende Erfahrungen hat. Am besten jemand, der von der Straße kommt. Es gibt vermutlich nicht viele davon, aber sie wissen wirklich, was da draußen los ist und was wirklich funktioniert.

Trainer lügen. Physik nicht.

Eine Technik ist nicht gut, weil ein Trainer dir das sagt. Eine Technik muss funktionieren.

7

Schutzengel

**Mir ist noch nie etwas passiert,
wozu also Selbstverteidigung?**

Einige scheinen eine ganze Armee an Schutzengeln zu haben, doch leider kann man sich nie dadrauf verlassen.

Nur, weil einem bis jetzt noch nichts passiert ist, ist das keine Garantie für die Zukunft. Das böse Erwachen kommt leider erst hinterher: „Hätte ich mich lieber vorbereitet!"

Doch dann ist es leider zu spät und man ist ausgeraubt, verletzt, vergewaltigt oder sogar tot.

Deswegen heißt auch hier die Devise: Lieber haben und nie brauchen als brauchen und nicht können.

8
Umfeld

Zuhause und alleine trainiere ich am besten!

Mit etwas Neuem anzufangen kostet in erster Linie immer Überwindung. Zum einen muss man seinen Schweinehund überwinden überhaupt erst anzufangen. Zum anderen müssen die nagenden Stimmen im Hinterkopf verstummen. „Du kannst das gar nicht" oder „Das sieht affig aus!"; jeder kennt diese Sätze. Da mag es doch ganz praktisch klingen, dass es so viele Bücher und Videos gibt, die es einem ermöglichen, ganz bequem von Zuhause aus ein bisschen Selbstverteidigung zu lernen.

Doch Vorsicht: wie auch beim Sport ist das Verletzungsrisiko ohne eine geschulte Person viel höher. Ein Trainer sieht sofort, wenn seine Schüler eine Bewegung falsch einstudieren und kann korrigieren oder auf einzelne Personen eingehen. Jemand, der allein und ohne Kontrolle trainiert, wird seine Fehler nicht unbedingt merken und das endet schmerzhaft.

Auf der anderen Seite wird jemand, der nur Schattenboxen trainiert ziemlich in Bedrängnis geraten, wenn plötzlich ein echter Gegner vor ihm steht. Plötzlich liegt der Solar Plexus viel höher, als man sich das immer vorgestellt hat und die Person bewegt sich auch noch!

Bei einem vernünftigen Kurs werden nicht nur die Muskeln trainiert sondern auch das Auge (ist mein Abstand zum Gegner richtig? Wie groß ist er? Ist er sportlich oder nicht?) und die Psyche (wie fühlt sich ein Schlag an? Wie beruhige ich meine Atmung? Wie behalte ich den Überblick?).

Gerade letzteres wird bei uns gerne mit einem Drill trainiert, bei dem eine Person erst durch sportliche Übung aus der Puste und schließlich durch Drehen um die eigene Achse aus dem Gleichgewicht gebracht wird. Danach muss die Person mehrere Schläge und Tritte richtig abwehren. Das Gefühl der Orientierungslosigkeit gepaart mit Atemnot kommt einer realen Stresssituation sehr nahe.

5 Konfrontation

1

Beginn

Mit einem Gedanken muss man sich ein für alle Mal arangieren: Kämpfe beginnen immer aus heiterem Himmel und aus dem Hinterhalt. Kein Täter kündigt sich aus ein paar hundert Meter Entferung an. Nicht einmal der laut pöbelnde Betrunkene auf der Parkbank. Der ist zwar laut aber in 99% der Fälle völlig harmlos, wenn man ihn ignoriert und schnell verschwindet. Gefährlich ist der Passant, der nach der Uhrzeit fragt oder der Typ mit dem schlechten Anmachspruch, denn die haben sich mit einer kurzen harmlosen Geste in den privatesten Bereich ihrer Opfer eingeschleust. In Deutschland hat man einen durchschnittlichen privaten Bereich von 60cm um sich herum, wird dieser unterschritten fühlen wir uns bedrängt. Aber in dieser Distanz hat unser Angreifer plötzlich alle Chancen: In die Haare greifen, schubsen, ohrfeigen etc.

Deshalb gibt immer: Abstand halten. Lasst die Menschen nicht zu dicht an euch heran, dreht euch wenn nötig so, dass wenig Angriffsfläche vorhanden ist. Und sollte es sich nicht vermeiden lassen, behaltet die Hände und Arme vor dem Körper. Am Besten mit ein wenig Abstand, damit euch niemand in einen Klammergriff bringen kann. Behaltet die Umgebung im Auge und kennt im Zweifel Fluchtrouten.

2

Ohne Kontakt

Ein wirklich schöner Gedanke. Allerdings nur Wunschdenken. Zwar gibt es eine sehr geringe Chance, heikle Situationen durch geschickte Gesprächsführung zu deeskalieren, doch in 99,9% aller Fälle will mein Gegenüber mir wirklich etwas Böses und das kann man nicht wegreden. Hier ist man gezwungen zu handeln. Ein lautes „Stop" hilft hier leider auch nicht weiter. Dann sind wir gezwungen, alles einzusetzen, was wir haben. Können wir das nicht, weil wir nie gelernt haben uns körperlich zu verteidigen, ist Aufgeben totzdem keine Option.

Mein Trainer sagt immer: Lieber weint deine Mama, als meine Mama. Also lieber hat mein Angreifer ein Ticket ins Krankenhaus gewonnen, als ich. In solchen Situationen hilft einem keine Nächstenliebe sondern reiner Egoismus.

3

Abwehr

Ich muss meinen Gegner lediglich abwehren.

Ja, ein Täter wird versuchen dich zu schlagen. Und zu treten. Und dir an den Haaren zu ziehen. Natürlich musst du ihn abwehren, das allein bringt dir aber leider recht wenig. Ein Übergriff ist kein Wettbewerb darin, wie lange man jemanden Abwehren kann, es ist nämlich vom Gehirn her unmöglich über 8 aufeinander folgende Schläge abzuwehren. Ziel ist es, so schnell wie möglich aus dieser Situation zu entkommen und am schnellsten geht das, wenn du aktiv zurück schlägst.

Ich wiederhole es gerne: Weglaufen ist die beste Verteidigung! Bringt den Angreifer mit einem Schlag oder Triff von euch ab und lauft.

4

Gegner

Mit Übergriffen von „Außen" rechnet heutzutage fast jeder. Doch was ist eigentlich mit dem Partner? Oder jemand anderem aus der Familie?

„Da würde mir niemals etwas passieren!", wirst du jetzt sagen. Doch leider sieht die Realität anders aus, gerade für Frauen. Schaut man sich die durchschnittlichen Übergriffe im Familien- oder Bekanntenkreis an, kann einem regelrecht schlecht werden:

Psychische Gewalt
=> 44,6% vom Partner

körperliche Übergriffe

=> Partnerschaft (29,1%)

=> in der Familie (25,2 %)

Jetzt in eine Paranoia zu verfallen wäre kontraproduktiv. Doch man sollte im Ernstfall immer bereit sein, sich zu verteidigen.

5

KO-Strategie

Männer sind meist auf Tritte in die Genitalien vorbereitet. Am Besten ist es, den Angreifer mit etwas anderem erst zu überraschen und dann zuzutreten.

Ein Beispel hierfür wäre, ihn auf einen nicht existenten Fleck auf seinem T-shirt aufmerksam zu machen. Der natürliche Reflex ist, an sich runter zu gucken. In dieser kurzen Zeit Ablenkung hast du Zeit für deinen Tritt. Voraussetzung ist allerdings eine feste Stimme.

6 Andere Systeme

1

Tödliche Punkte

Jemanden mit einer einfachen Berührung in Ohnmacht fallen zu lassen wäre sicherlich die beste Option für jeden, der sich nicht gerne körperlich betätigt oder von einem Trainer verknotet wird. Doch diese Techniken sind leider nie gegen echte Gegner zum Einsatz gekommen, schon gar nicht in den schönen Image-Videos solcher sogenannten Dim Mak Meister. Der Grund ist einfach: Es funktioniert nicht.

Diese Menschen sind leider ein ernstes Beispiel für die am Anfang erwähnten „flaschen Trainer".

2

Militärisches Kampfsystem

Das Militär lernt Systeme, die sich von den Zivilen Systemen grundsätzlich in einem Punkt unterscheiden: dem Gesetz. Während ein Militärs im Krieg nicht danach fragen muss, ob seine Techniken Notwehrrechtlich gedeckt sind, so muss das eine Privatperson sehr wohl.

Allerdings verweise ich hier auf das für die Zivile Anwendung abgewandelte Militärsystem Krav Maga (zu Anfang erwähnt), welches sich gut zur Selbstverteidigung eignet. Aber auch Jujutsu, Karate oder Boxen sind geeignet, solange man sich nicht zu sehr auf den geschützen Rahmen der Sportschule verlässt.

Selbst Ausdauertraining durch Joggen oder Schwimmen helfen im Ernstfall. Man muss nur schneller und ausdauernder als der Verfolger sein.

3

Kampfsporterfahrung

Dies ist leider genauso gefährlich, wie gar keine Verteidigungskenntnisse.

Ein Kampfsport ist kein echter Nahkampf!

Im Judo gibt es für jeden Angriff eine vordefinierte Verteidigung und Gegenangriff, Regeln, Schiedsrichter und weiche Matten. Jeder im Dojo ist dir wohlgesonnen und der Gegner reagiert auf ein Abklopfen. Auf der Straße hingegen gibt es keine Regeln, keine Schiedsrichter, harten, dreckigen Boden und Aufgeben ist das schlimmste, was du tun kannst.

Vielleicht bist du aus der Übung oder stehst unter Schock, weil du die Situation noch nicht ganz begriffen hast. Dann ist es meist schon zu spät.

Ich möchte hier allerdings nicht abstreiten, dass eine gewisse Vorerfahrung durch Kampfsport nicht auch Vorteile hat. Viele Kampfsportler sind durch den Sport beweglicher, können besser mit Stress umgehen oder einige ihrer Techniken abwandeln. Dennoch ist das kein Garant für einen Erfolg.

Nachwort

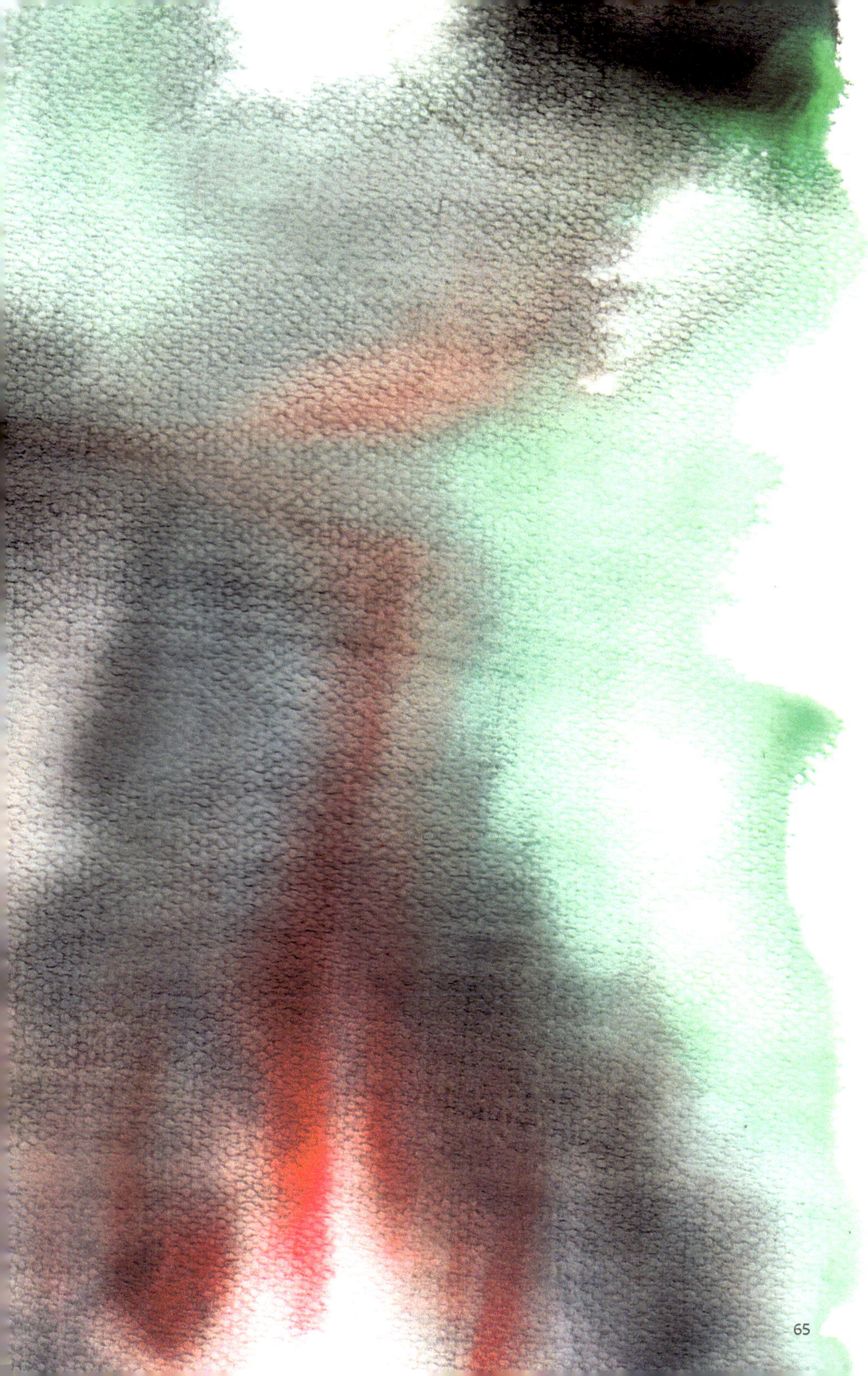

Nachwort

Jetzt weißt du ein bisschen mehr über das Thema selbstverteidigung. Aber sei bitte jetzt nicht frustriert und mach lieber gar nichts. Eher im Gegenteil: laufe mit offenen Augen durch die Welt, hinterfrage die Angebote der Kampfsportschulen, betrachte die Übungen reflektiert (kannst du das unter Stress anwenden? Auch gegen einen doppelt so schweren Mann?) und hab keine Angst vor dem Kontakt mit anderen Schülern. All das wird dir helfen, einen guten Überblick zu behalten und im Ernstfall vorbereitet zu sein.

Wenn du schon einen Kampfsport betreibst, super! Dann überlege dir doch, ob du vielleicht zusätzlich mal in einen Self-Defence-kurs schnupperst. Bitte gib deswegen deinen aktuellen Sport nicht auf, denn in Bezug auf körperliche Fitness und Reaktionsgeschwindigkeit wird er dich positiv bereichern. Die Hauptsache ist, dass du etwas für deine eigene Sicherheit tust.

Hast du eine Schwester? Einen Sohn? Eine Ehefrau? Ja? Dann wirst du sicher um ihre Sicherheit besorgt sein in der heutigen Situation da draußen, so wie sie auch um die Deine. Jeder hat einen Menschen in seinem Leben, für den es sich zu leben lohnt und Aufgeben keine Option ist. Denk immer an diesen Menschen. Er oder sie wäre sehr traurig, wenn es dich nicht mehr gäbe.

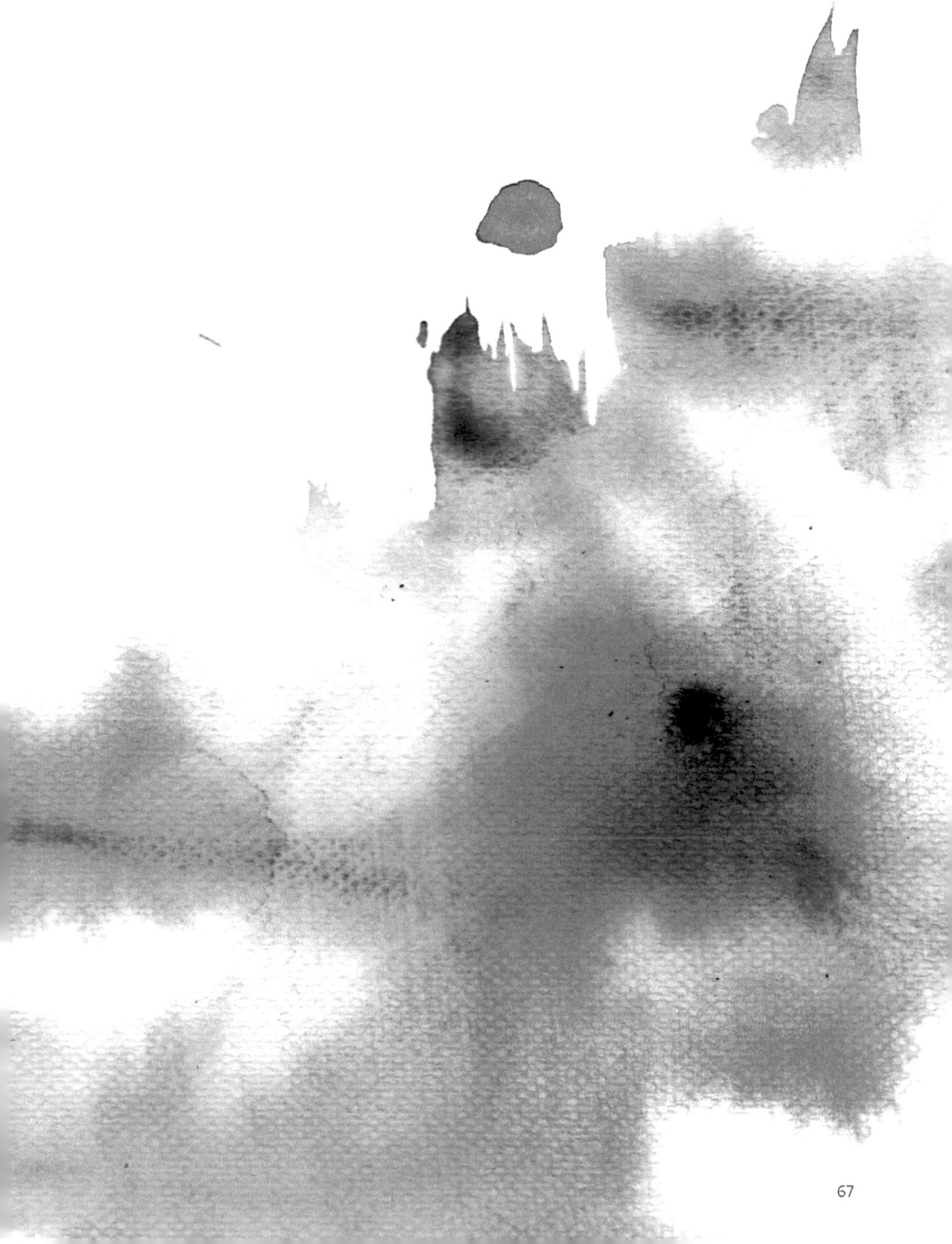